BEKIMI I NËNËS

A MOTHER'S BLESSING

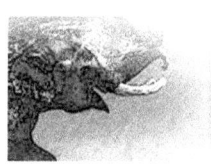

Copyright © 2018 Swimming with Elephants Publications

All rights reserved. No portion of this publication may be reproduced, stored in a retrieval system, or transmitted in any form or by any other means, electronic, mechanical, photocopying, or recording without prior permission of Jack Hirschman unless such copying is expressly permitted by federal copyright law. Address inquiries in permissions to: Swimming with Elephants Publications.
swimmingwithelephants.com
ISBN-13:
978-0-9998929-8-5

Cover Painting "House" Copyright © 2018 Kevin Brown

Originally published by Shtëpia Botuese "Naim Frashëri": the Naim Frashëri Publishing House, Tirana, Albania 1983

BEKIMI I NËNËS

A MOTHER'S BLESSING

Poetry by Jusuf Gërvalla

*Translated from Albanian by Jack Hirschman
and Idlir Azizaj*

PREFACE

The translation of this book, — which was published in the original Kosovo Albanian of Jusuf Gërvalla in 1983, a year after the poet, his brother Bardhosh, and comrade Kadri Zeka were all murdered allegedly by the Serbian secret service in their exile in Germany—has been a longtime desire on my part to bring to life in the American language.

Fortunately, my recent friendship with the wonderful Albanian poet of *Verbstones,* Idlir Azizaj, who is also the award-winning translator of James Joyce's *Ulysses* into Albanian, galvanized me to want to bring *A Mother's Blessing* to an American audience.

With Idlir's great help, Gërvalla, who'd been a journalist and a musician as well as a poet and novelist and founder of the Marxist-Leninist group, the National Movement for the Liberation of Kosovo, is here presented in a book made up of selections from his three books of poetry: *They Fly and Fall, Green Stork,* and *Sacred Marks.*

Since he'd come under the radar of the Yugoslav secret service because he was fighting to unify Kosovo and Albania in struggle for the liberation of the former, he'd been forced into asylum in Germany, where his assassination took place.

He was 39 years at the time of his death, (he was born on October 1, 1943 and was killed on January 18, 1982) though, with the independence of Kosovo subsequently, Jusuf has become a national hero.

There was even created a Jusuf Gërvalla Social Club formed after his assassination in The Bronx, New York—where I was born and raised and where thousands of Kosovars and Albanians live today.

I received the original texts of this book in 1983 and in fact translated one of the marvelous poems in it, "There Are Still Poets," which was published in *Poet News* in California in December 1983.

My thanks to Idlir Azizaj for his great help in bringing this book about Home, Homeland, and Exile to full fruition.

We hope Jusuf's poems strike chords with those who realize that homelessness is becoming more and more pervasive in the lives of even the most technologically sophisticated.

—Jack Hirschman
San Francisco, 2018

In the battle and stand of this people sacrificing and dying to realize its aspiration, we seem like immortals more beautiful and gallant than anyone alive. And there is no power that can stop us on our luminous road.

~Jusuf Gërvalla

PËRMBAJTJE

BEKIMI I NËNËS 1
PARADREKE KËMBONARESH 4
KULLA 6
FLUTUROJNË E BIEN 8
TASHMË NUK KA KTHIM 10
NJË KËNGËTARI 12
MJEGULLA 14
RRUGA QË SHKELA DIKUR 16
NGA TË FTOHTËT TEK VERA 18
DITA 20
SKENA NGA JETA E FSHATIT 22
PËRSËRI NË FSHAT 24
SHTËPIA QË RRËZOHET 26
SHTËPIA QË NDËRTOJ 28
SHTËPIA NË KORNIZË 30
SHTËPIA QË MEREMETOHET 32
SHTËPIA NË RRUGË 34
GJYSHI IM TREGON SI MATET MOSHA 36
NGA MEMOARET E NJË SHËTITËSI 38
EPITAF PËR SHËTITËSIN QË SHKROI
MEMOARE 40
MBARIMI I KËSAJ 42
KA AKOMA POETË 44
BALADË PËR SHEVARIN 46
SHTËPIA RRËZË MALIT 60
TASH PO NISEMI 62
RRUGA QË SHPIE NË LIVADH 66
MURET, DRITARET, U JI 68
LAPIDARI 72
NET NË DUBOVIK 76
K R O I 84
SI ZGOR 87
VJESHTË 1969 90

CONTENTS

A MOTHER'S BLESSING 3
BELLS AT NOON 5
THE STONE HOUSE 7
FLYING AND FALLING 9
POINT OF NO RETURN 11
A SINGER 13
FOG 15
THE ROAD I WALKED BEFORE 17
OUT OF THE COLD AND INTO SUMMER 19
DAYTIME 21
SCENE FROM THE LIFE IN A VILLAGE 23
BACK TO THE COUNTRYSIDE 25
THE HOUSE THAT TUMBLES 27
THE HOUSE I BUILD 29
THE HOUSE WITHIN THE FRAME 31
MENDING THE HOUSE 33
THE HOUSE BY THE STREET 35
MY GRANDPA SHOWS HOW HE GAUGES AGE 37
FROM THE MEMOIR OF A RAMBLING MAN 39
EPITAPH FOR THE STROLLER WHO WROTE
MEMOIRES 41
THE END OF THIS 43
THERE ARE STILL POETS 45
THE BALLAD OF MARSH-REED 47
THE MOUNTAIN RANGE HOUSE 61
LEAVING (TASH PO NISEMI) 63
THE ROAD TO THE MEADOW 67
WALLS, WINDOWS, WATER… 69
THE OBELISK 73
NIGHTS IN DUBOVIK 77
THE WATER-SPRING (KROI) 85
LIKE A HOLE (SI ZGOR) 89
AUTUMN 1969 91

AH, KËNDEJPARI	92
PAS FLUTURIMIT...	94
AGU I SHKELUR	96
LECI I ARTË	98
BALI KATRAVELLA	100
DITARI	112

Please Note:
Footnotes throughout the book are Albainia translations of Kosovar words

AH, THE PEOPLE HERE	93
AFTER THE FLIGHT	95
FIRST STEPS AT DAWN	97
THE GOLDEN BOY	99
BALI KATRAVELLA	101
DIARY	113

BEKIMI I NËNËS

A MOTHER'S BLESSING

BEKIMI I NËNËS

Le të piqen pemët kur të keshë ardhur sërish,
bari i zverdhur fare le të jetë,
nën çatitë e kullës le të pikojë shi,
le të vërë trashë cipa e tëmblit në kusi,
le t'i marrë lumi urat e trarët le të thyhen,
në cung le te ketë një sëpatë për dru,
lulet e verës le t'i ketë prerë me bar kostari,
le të ftohet -
ka stinë kur veç parzma e nënës do të ngrohet...

A MOTHER'S BLESSING

May the fruit-trees ripen when you return
and the grass be entirely parched;
may rain drip down from the stone house roof,
milk thicken deep in the saucepan;
let the bridges tumble and beams break down,
the ax plunge into a wooden stump
and the gardener cut the summer flowers with a scythe;
let the cold reign—
there are seasons when only mother's breast gets warm.

PARADREKE KËMBONARESH

Ish trembur lumi dhe kish rrëmbyer çatitë -
kështu fillon një përrallë e vjetër.
Këmbonaret kishin trazuar zogj, kafashë e drunj.
Së pari ish rrëzuar një pirg i lartë kishe,
pastaj një minare përmbi valë përmbysur...
Veç shtëpitë me kashtë për të bujove
kishin lindur mbi lymin...
Atëbotë, shi në çastin e fundit t'rrëmetit,
në zërin e foshnjave kumbonte koha e re...

BELLS AT NOON

"Panicky, the river had dragged the roofs down" —-
that's how an old tale begins.
The bells had hurt birds, beasts and woods.
First, a church dome was crushed;
then a minaret tumbled down onto the waves…
Only the farmers' thatch-roof huts
were reborn into fertile slimy soil…
Then, while it was raining in the last moments of the flood,
the new times echoed in newborns' voices…

KULLA

Ashtu e lartësuar ajo i bie territ si pirg drite
me ato shkallë që përherë shpien lartësive.
Njëmend është atje një ftua që rri mbi oxhak verdhë,
nja dymbëdhjetë tela të kurdisur varë mbi tra...
Eshtë ky lejleku më i bard në botë që fluturon,
po gjithnjë vetëm kthehet e kurrë më vapë nuk do.
Eshtë një bërrake* e saj, është dhe një shelgjishte
si grua e bukur fort që askujt s'i takon...
Nën themelet e saj rrjedh ai ujë i ëmbël
dhe nën çdo dritare të saj përvjet rritet nga një mollë...

---

* Pellg me ujë

THE STONE HOUSE

It stands so high in the dark like a mound of light,
with its flights always reaching the attic.
A quince-tree grows way up over the yellow chimney,
and twelve spiral wires from the beam hang down…
This is the whitest crane that flies
but comes back alone, hating the heat ever so much.
There's also marsh there, and a willow, too
looking just like a beautiful gal who belongs to no-one…
Under that groundwork sweet water runs
and every year an apple tree grows beside each of its
                                                          windows…

FLUTUROJNË E BIEN

Në shtëpinë time ka dritë, ka drunj, ka edhe enë,
ka duar që arnojnë, ka duar që gatuanjnë ëmbëlsirë.
Në shtëpinë time ka avuj dhe gjellë erëmirë,
ka herë-herë shpirtra të shuajtur që preftojnë pahir,
ka edhe sende që vjetërohen. Aty ka edhe zëra të ring—
mes fletoresh të shkarravitura duar shtalbe* si fieri,
Ka vajza të njoma, nuse të bukura e gra të veja,
ka në vatrën time plot prush mbuluar nga hiri...

---

* Të njoma

FLYING AND FALLING

In my house there's light, wood, also utensils,
there are hands that darn, that cook sweet cakes.
In my house there are fumes and cooked meat smells,
sometimes dead spirits that stir unwillingly
and worn-out objects. And there are young promising poets
amid hand-scribbled copybooks fresh as fern.
There're tender girls, nice brides and widows.
In my hearth ashes cover all the embers.

TASHMË NUK KA KTHIM

Në zgjimin tim të më pagëzojnë,
në zjarrin tim të trilluar;
në fletë librash të më kërkojnë,
në shqetësimin tim të mallkuar;
në tinguj kitare të më kujtojnë,
në bredhjet e mia marroqe
ose në këtë kohë kjo mos t'hutojë,
e dashur, veç ty si të ëndërruar
se bota sot ka brenga më të medha...

POINT OF NO RETURN

I wish rather they baptize me when I wake up,
in my imaginary fire,
and look for me thumbing a book
in my damned restlessness.
Let them remember me in guitar sounds
amid my dorky rambling
and meantime these mustn't distract,
love, it's simply you dreamed by me
because the world today is under greater grief.

NJË KËNGËTARI

Është diku një botë edhe e largët edhe e dashur.
Është diku një melodi,
është një sy i madh i kaltër, një tel i keputur në kitarë...
Është diku një akuarium
me peshq e algje t'arta që freskon,
është një zemër diku si kuti
e në të një fjalë amshimi,
është diku diçka gjithçka e vërtetë dhe melodi...

A SINGER

Somewhere there's a world both faraway and dear.
Somewhere there's a melody,
a vast sky-blue eye, a broken guitar string...
Somewhere there's an aquarium
with goldfish and refreshing algae,
there's a heart somewhere like a box
where an everlasting word's stashed,
somewhere where there's the truth of everything and
                                              melody...

MJEGULLA

Posa të bëhet mëngjes e të hapish dritaret
perkye gjethesh të pemës do të kesh parë një tis si zjarr.
Fshihet dielli prapa ujit detor, prapa kaçorresh*,
dielli po fët sërish, pas një çasti, si kurorë
mbi barin e largët, mbi shetërit e bujqve do të vezullojë.
Ç'fshehin ashtu puset, ç'kënaqësi ka druvari,
ç'kërkojnë zogjtë e dimrit që vijnë sërish këtu?
Fshij sytë e përgjumur n'atë fashi** t'mëngjesit,
ç'kërkojnë zogjtë e dimrit që vijnë sërish këtu?
në kullën time ka mjegull vjeshte die kokrra hambari.

---

* Kasolle
** Qetësi

FOG

One can see a flame-like mist over the foliage
when it dawns and you open the windows.
The sun hides behind the sea water, behind the huts;
a moment later the sun buds again, like a halo
above the distant lawns; over the farmers' beds it glitters.
What hides in the wells? Why the woodcutter's glee?
What are the winter birds coming back here for?
I rub my sleepy eyes in the morning peace,
but what are the winter birds coming back here for?
The autumn fog hangs over my stone house, and there's
                                    wheat in the barn.

RRUGA QË SHKELA DIKUR

As kurora t'buta blinjsh nuk ka, veç gështenja,
ca dëllinja anës përroit atje rrëzë mali.
Nën atë kulm prej kashte vatra, kusi e govata
dimrit vjen e tkurret gjithçka duke prit' qershorin.
Një rrugë e përbaltur me fërkem* të thellë qerresh,
ndonjë zë i mbytur, një ndërsim e lehje qeni.
A do t'ketë akoma n'arkë fshehur pemë të ëmbla,
nje shami të larme si dhuratë me një grusht lotësh?
A do t'ketë akoma një natë dimri rreth një stufe?
A do të rrapellojnë shkallet e do të thonë siç thoshin prore:
"Na u kthye së largu, dimri i paska hyrë në eshtra."
Është atje një rrugë e largët përbri fjalësh të nënës sime...

---

*Gjurmë

THE ROAD I WALKED BEFORE

There aren't smooth linden tree-tops, only chestnuts
and junipers along the stream at the mountainside.
Under the thatched roof the hearth, the cauldron,
the kneading trough …all shriveled things
of winter long for the month of June.
A muddy trail with deep traces of carts,
some stifled voice, a dog barking harshly.
I wonder will there be sweet fruits in the ark again,
or a dappled handkerchief full of tears as a gift?
Will there be another wintry night around the stove?
Will we hear the noise on the stairs saying:
"He came back from faraway, winter dwells in his bones."
Over there's a road, alongside my mother's words…

NGA TË FTOHTËT TEK VERA

1.

Rritesha si qiparisi,
si shevar* e lumi kur gufon.
Një çast Aisha si degë lisi
një çast isha festë që gëzon.
Zotëriu im nën hije dremit,
ngadalë si ilaç nisi uria
dhe breshëri prishi frutat ndër ara.
Nëna bludën**thatë e shtron përpara,
babai i heshter në kullën si zgurr***…

2.

Dhe kështu u prenë rrini e rritë,
Nëpër botë pastaj, si njeri i vogël që jam,
me një det këngësh që më vlojnë në gji
u nisa, baba, në kullën dikur si zgurr,
ja kaq i vogël, po edhe burrë…

---

* Një lloj bari
** Pjatë prej drumi
*** Zgavër

OUT OF THE COLD AND INTO SUMMER

1.

I grew up like a cypress,
like marsh-reed, or the surging river.
One moment I was an oak branch,
the next, a feast.
Under a shade my landlord snoozes;
and famine's gotten going like a drug:
hail's killed the fruits in the fields.
Mother lays an empty wooden bowl on the table,
and, silent, my father slouches towards the grotto-like house.

2.

Thus old and young passed their days.
A little guy, I walked the world then,
a sea of songs ebbing in my chest;
I take the road but as a father now, in the stone house that
looked like a grotto before. That small I was, but a grown-up
man, as well…

DITA

1.

Po mirrja frymë mes lulesh e polipash*,
në poret e lëkurës shihja ujë e dritë'
më pëshpërisin gjithë urat e planetit
ndërsa flija shthurur buzë lumit tim.
Një dorë e ngathët, një dorë fryme më zgjoi.
Digjej një, më i trazuar nga shiu që solli vjeshtën,
fjeti në prehërin e butë të nënës tokë.

2.

E tash më tregojnë për gjithë magjitë e ditës
të lidhura si një jetë.
Më tregojnë për gjumin tim dhe pritjet.
Për një çast drunjtë lëshojnë hije mesdite.
Tani çdo rrudhë e ballit tim dëshmon
se po ngryset,
po prapa shpine sërish diçka si frymë na zgjon...

---

* Kafshë deti

DAYTIME

1.

I was breathing among flowers and polyps,
felt water and light running in my pores;
heard the murmuring of all the world's bridges
while I slumbered carelessly on my riverbank.
A clumsy hand, a slow breath woke me up.
A fresh tree branch was burning, smoke rose from wheat
fields, and the child--—tickled by the autumn rain--— slept
in the soft bosom of Mother Earth.

2.

They tell me now all about the daytime magic,
a chain that resembles life.
They tell me about my sleep and my expectations.
The trees lay down their shadows a moment at mid-day.
Every wrinkle in my brow means
that it's frowning,
yet something breath-like behind our back awakens us.

SKENA NGA JETA E FSHATIT

Dritarja e avulluar, samovari i çajit edhe vjeshtë -
i tillë i lirë, rrethuar me sendet që vjetërohen.
Përmbi rafte ftonj, një plakë si pikturë, -
a nuk qenka vallë krejt zjarri një trillim...
Tek gjej ngushëllim mes sendesh që s'jana më,
atje diku në botën time, atje diku larg
eja përsëri netve të vona si hije që sajon
pak frymë njeriu e pak dritë qiriri...

SCENE FROM THE LIFE IN A VILLAGE

A steamy window, a samovar of autumn tea…
I'm free yet surrounded by things that are perishing …
There's a quince above the cupboard, also the picture of an
old woman--- that fire seems to be all a fiction!
I find some solace among things that no longer exist;
sometimes there, in my faraway world,
a bit of soul-breath and a bit of candlelight
come back late at night like a shadow forming.

PËRSËRI NË FSHAT

Prej ngazëllimit të moçëm që kemi pasur
tani veç hullia, ndonjë këngë e re si buka...
Ndër fshatarët e mi luftë gjelash s'ka më.
Kur fryn veriu dimrit ata në kullë bisedojnë,
llamba e gazit ndrit si nur, s'ka fjalë.
Pos vajit të foshnjave atje lart në kat
s'ndihet gjë tjetër veç çiftelisë me tela...
Unë jam ai që krejt këtë e thashë
se kurora të blerta blinjsh më s'ka,
mbetëm me dy gështenja të larta edhe me një man,
me një dritë të madhe dhe me një vatër ndezur -
kjo është e gjithë kënga që ngroh.

BACK TO THE COUNTRYSIDE

All that remains from ancient joys is just
some furrows, a new song like freshly baked bread…
The villagers don't play at cock-fighting anymore.
The chilly wind blows in winter, and the men talk
inside their stone houses; the gaslight shines brightly without a
                                                                                                       word.
Upstairs the babies cry but one hears the strings of a
                                                                                       çiftelia*…

I'm the one this tale comes from
since the linden tree-tops are no longer green;
we only have two tall chestnuts and a mulberry-tree now,
yet a vivid light's spread here, and the fire's burning in the
                                                                                                  fireplace:
it's that song that keeps us warm…

*"çiftelia" is a typical North Albanian instrument with two strings; it's used mostly in heroic songs

SHTËPIA QË RRËZOHET

Tash shtrati rri n'oborr dhe do rraqe
t'zënë këmbët e merr më thua*.
Gjësendet që shkëlqenin para një çasti - tani prapë,
si në kohë të praptisura, me pluhur mbuluar...
Hamejtë e nxjerrin me kujdes një arkë korridorit.
Ora e madhe në mur ka pushuar.
Vetëm fëmijët tanë lodrojnë e shkelin barin,
këtë ditë do ta kalojnë si zogjtë si zogjtë nën qiellin blu...

---

* Të pengojnë

THE HOUSE THAT TUMBLES

We've moved the bed out into the garden
and we stumble on second-hand objects.
Things that shone a moment ago now are—-
like in the old days——covered with dust…
Porters carefully move a trunk into the hall.
The big clock on the wall's stopped.
Only our children frolic, walking the bar;
one of these days they'll cross it like birds skimming the
                                                      blue sky…

SHTËPIA QË NDËRTOJ

1.

Në një skutë do të ketë më shumë dritë,
në tjetrën vend për shtratin,
një derë do ta ketë për në rrugën kryesore,
një tjetër për kopshtin me lule të bardha,
një verandë do ta ketë me një fuçi druri portokalli.
Do ta llogaris këndin e diellit mbi dritare.

2.

Do të ketë sty pak troha* buke, do të ziejë çaji,
një komë e shtruar në mesore*, do gazeta dite...
Do të vë portretin e një dashurie në dhomën e pritjes,
do të më vijnë shokë e do të me vijnë prindër.
S'do të ketë kortina të larme në dritare
dhe krejt dyert e drurit do t'i ngjyej
me bojë plepi e gjethesh, me të gjelbër,
e do të kthej për çdo mbrëmje aty...

---

* Thërrime
** Paradhomë, korridor

THE HOUSE I BUILD

1.

The light will better illuminate the nook,
I'll place the bed in the other room;
one door upfront will lead to the main road,
the other will lead to the garden of white flowers;
there'll be an orange-colored keg in the veranda.
I'll carefully measure the sunlight's angle in the window.

2.

Some breadcrumbs around, and the tea boiling;
a wooden chest placed in the hallway, some newspapers over
there … the portrait of a loved one I'll hang in the guests'
room; friends and parents will visit me.
There'll be no striped curtains on the windows
and I'll paint all the wooden doors green,
the poplar color, the color of leaves,
and I'll enter home every night, for sure…

SHTËPIA NË KORNIZË

Në vitrinat e verdha nga drita një natë e kam parë
mes do gjësendesh prej kashte dhe pëlhurash.
Rrinte pak si e shtrembëruar mbi përfytyrimin
dhe erë luleshqerrash shpërndante nëpër tortuur.
Njerëzit ktheheshin nga turnet e natës të lodhur.
Aty kishte drunj të vjetër dhe trungje të rrëzuar,
një shteg i ngushtë barin e kishte tharë me shkelje,
Aty e pashë time amë me govatë në dorë. E vetmuar
shkonte e gërmuqur shtegut drejt derës së saj.
S'di a do të ketë qenë ditë apo në rreze hëne larë...
Tym nga oxhaku i kërrusur dhe n'kusi diçka që zien,
do stiva drush të nxira shiu rrinë te shkallët...

THE HOUSE WITHIN THE FRAME

I've seen it one night through the light-struck yellow panes,
among objects made of straw and cloth.
It seemed a bit tilted there in its delineation,
and the odor of its daisies filled the sidewalk.
Tired, men returned from their night shifts.
There were rotten wood and fallen stumps.
On a path where grass was barren from people's steps
I noticed also my mother carrying soiled linen. Alone
and lonely, she strode along the path towards her door.
I'm not sure whether it was day or the moonbeam gleamed…
The stooping chimney puffed smoke; something boiled in the
pot, heaps of wood, blackened by rain, were piled up near the
front stair…

SHTËPIA QË MEREMETOHET

Tani vetëm pluhuri del prej dritareve dhe ftohtësia.
Tjegullat që lëshonin shiun në vjeshtë janë ndërruar,
një tra i laguar e i nxirë me merimanga mbuluar
dhe era e mykut me krimbat në dysheme, të zgjuar.
Në kthinën tjetër kanë mbetur truq* të gjitha arkat,
mbi resho të përlyer zihet kafja mengadalë,
nga parandjenja e rrëzimit minjtë prej vrimash kanë dalë.
Tash goditen me sy e shpagë lartësitë...
Nga dritaret e vogla do të lihet më shumë hapësirë,
pastaj për çdo skutë do të ketë më shumë dritë,
do t'i lihet rrugë diellit më shpesh të vijë për drekë,
në dysheme, tek rrinë këmbët e gjyshes, s'do të ketë më lagështi.
shkallët tash do të shpien drejt në kopshtin e blertë,
gjatë rrugës për në gjumë s'do të zërë më thua gjyshi...

---

* Grumbull

MENDING THE HOUSE

Now only dust and coldness come from the windows.
They've replaced the roof-tiles where autumn rain leaked
                                                                          down;
the roof-beam's damp and bleak, covered by spider webs
and the smell of mold; down on the floor worms writhe.
Other trunks are heaped against the next gable
while coffee's boiling slowly on the small stained cooktop.
Sensing a possible collapse, the rats have fled outside.
Carefully we'll mend the higher part of the wall with a
                                                                         trowel…

We'll enlarge the small window-frames,
and the light will better illuminate the nooks;
there'll be a wider path for the sun to enter in at lunchtime,
and there'll be no more damp on the floor
where grandma poses her feet. And the stairs
will lead me directly into the green garden
and grandpa won't stumble again on his way to bed…

SHTËPIA NË RRUGË

Andej anë dritareve të saj vijnë një djalë e një çupë.
Nganjëherë bie muzgu andej anë shkallësh se saj,
shkojnë e shkojnë njerëz dhe vijnë e vijnë përherë,
nuk ka lule n'asfalt as bar rreth themelit të lagur,
vetëm do saksi me karafila të bardhë dhe ndonjë
                                                  shebojë...
Prej sheshit atje, si re e murrët, rri pirgu si rojë
e kortinat rëndom të lëshuara rrinë si ujëvare.
Një vejushë me pikla të qurës* e me bushiqe** në
                                                  dorë
kalon andejpari, edhe një endacak me setër të
                                                  grisur.
Unë rri si i zgjuar nga gjumi i zymtë, si e kam ves,
ka kohë matanë rruge të vijë e dashura që e pres...

---

* Pikalore
**Flluska

THE HOUSE BY THE STREET

A lad and a girl walk together along its window sills.
Sometimes dusk falls over its staircase.
People keep going and then coming back ceaselessly.
One never sees flowers sprouting on the asphalt,
nor any lawn around the damp foundation.
There are only some flowerpots where white carnations
or even gillyflowers grow… Like a bleak cloud,
a mound seems a watchtower further up on the front porch;
and the window curtains hanging down seem like waterfalls.
A widow with freckles and chubby hands
and a drifter with a torn jacket pass by in the opposite
                                                     direction.
I feel numb, as usual, after my dull sleep.
But it's alright: it'll take my sweetheart, whom I'm waiting for,
some time to cross the street …

GJYSHI IM TREGON SI MATET MOSHA

Gjyshi im, giyshi më i çuditshëm në këtë planet,
e mat me një shkozë krejt perëndimin e diellit -
është ora më e saktë e ditës ajo urti.
Kur s'ke çka ha, - thotë, - nuk lypset ngi'!
E mat ai çdo sekondë me ndonjë heshtje të ftohtë,
çdo fjalë për të është kohë, çdo heshtje - paqenësi.
Mes duarsh tek e vë orën ngadalë e ngreh die qetë.
A e dinë, vallë, të gjithë se njeriu ka orën e vet?

MY GRANDPA SHOWS HOW HE GAUGES AGE

My grandpa, the most amazing grandpa on this planet,
measures the sunset with a twig of hornbeam—
that wisdom's the most accurate hour of the day.
"When food's lacking," he says," don't seek a full belly!"
And he counts every second with some chilly silence;
every word's time to him, every silence a nonbeing.
He wears a watch lifting his hand slowly and calmly.
Does everyone know that each one's got to wear his time?

NGA MEMOARET E NJË SHËTITËSI

Kur u ktheva nën pullazin tim mbuluar me kashtë
nën qepallat e lodhjes e të kohës pashë botën
e në botë s'kish tjetër pos shkëlqim ari e qelqi,
kish edhe uri, edhe poetë, edhe ujëvara në botë,
kish njerëz prej druri e kafshë të buta kudo,
kish edhe hieroglife, dy fjalë dhe gjurmë që
s'fshihen,
kish lumenj të egër e fosile të lashta,
mes muresh të trasha fshesa dhe minj...

FROM THE MEMOIR OF A RAMBLING MAN

When I came home under my thatched roof,
under time's weary eyelids I saw the world
and there was nothing in it but a glitter of gold and glass;
there was famine, poets, waterfalls in the world,
and woodsmen and tamed animals everywhere,
and hieroglyphs, two words and footprints hard
to erase,
and wild rivers and ancient fossils
amid thick walls hiding brooms and rats…

EPITAF PËR SHËTITËSIN
QË SHKROI MEMOARE

N'vendlindjen time një oxhak nxjerr tym gjithnjë,
lumi sjell lym prej bjeshke. Dimrit, në ngricë,
nën harkun e urës së vjetër yjet bien si shi.
N'vendlindjen time s'ka baticë, as gur mermeri,
mbi varre s'ka pos lule bliri, bar dhe ftonj,
ka mbishkrime dhe net të shkurtra ferri,
shqetësimit të furishëm këtu pushimi i është i denjë.
Kahdo ka tokë nën këmbë, po askund quell mbi kokë.
Rruga prej shtëpisë sime deri te shtrati më qe sa një botë...

EPITAPH FOR THE STROLLER WHO WROTE MEMOIRES

In my birthplace a chimney's always fuming,
the river brings down slime from alps. Under the arch
of the old bridge stars rain during the winter frost.
There's neither high-tide nor marble slates in my birthplace.
Over grave-stones there are only linden-flowers, grass and
                                                      quince-trees
apart from the inscriptions and brief nights of hell.
Here one deserves a rest after the rushing troubles.
There's land under our feet everywhere, but not a sky above.
As long as life was the path from my house to my bed …

MBARIMI I KËSAJ

1.

Fillon përherë kjo ditë me dashuri,
me pelin, ndoshta me fruta të ëmbla.
Me shtegtime fillon e di,
por si e ku mbaron përsëri...

2.

Fillon përherë me dashuri e me njeri,
me njeri fillon e gjithë kjo dhe po kështu mbaron -
një Himalajë në gjuhë, një Saharë në fjalë,
një Atlantidë në ëndërr, një nimfë
n'imagjinatë.
Kështu fillon me dashuri,
disi ndryshe nga shiu kur zë t'i rrahë
çatitë,
disi ndryshe nga bora kur sajon palëftohtat.
Po si mbaron fjala e poetit, s'e di...

THE END OF THIS

1.

This day begins with love,
with absinthe, maybe with delicious fruits.
Surely it begins with flights,
But I don't know how it ends again ...

2.

It begins with love and with Man,
Man is the debut, and also the end of it:
a Himalaya in language, a Sahara in words,
Atlantis in a dream, a nymph
in the imagination.
So it starts with love,
the oak differs from the rain when it hits
the roofs,
the oak differs from snowy ice-leaves.
But how the poet's word ends, that I don't know ...

KA AKOMA POETË

1.

Ka njerëz që akoma dinë se dielli ndrit
mes akullnajash në shpirt, mes suresh të qytetit.
Ka njerëz që akoma ia dinë ngjyrën lules
mes drizash të malit, mes sendesh të vjetra.
Ka akoma njerëz që dinë se kafshët kanë ekzistuar
mes nesh, mes drunjsh e ujëvarash, mes xhunglash.
Ka njerëz që ëndërrojnë akoma, ka njerëz
që dinë si piqet rrushi n'hardhi, si perëndon,
njerëz që krukje s'dinë, që akoma preken me këngë
e zgjohen
me frymë, zgjohen këta njerëz të shqetësuar.

2.

Ka njerëz që tërë ditën fluturojnë, çudi!
Ka njerëz që gjithë natën flenë nën ujëvara,
lumit i besojnë si njeriut e flenë nganjëherë edhe
pas dreke,
njerëz me ballë të çiltër, me shokë shumë e të dashur
e femra që i dashurojnë.
Ka njerëz të çuditshëm not kudo në botë,
ka varre për këta njerëz në tokën e shkelur të Kilit...

THERE ARE STILL POETS

1.

There are men who know that the sun still shines
amid glaciers of spirit, amid city walls.
Men who still know the colors of flowers
among mountain acacias, the old things.
Who know animals exist
among us, in waterfall woods, among boulders.
Men who keep dreaming, who
know how to roast the grape on the vine like the setting sun,
who don't know Nothing, who still stir with song
and wake up with soul, waken to agitate.

2.

There are men who whirl around all day, marvels!
Men who sleep at night under waterfalls,
have blessed faith like
the People
and sometimes siesta in the afternoon;
men with sincerity in their brows, with many
loving comrades
and women who love them.
There are amazing men everywhere in the world today
and graves for them in the oppressed earth of Kilit*.

*A place in Kosova

BALADË PËR SHEVARIN

P. Nerudës

1.

Në secilin hark të kohës fle nga një fjalë
e zgjohet nëpër motet trishtuese si zgjohet batica.
Nëpër kriporet e botës, nëpër kepa të shpresave,
nëpër prigjet e rrëzuara, nëpër të gjitha shtigjet
asnjë njeri lule, asnjë lule njeri nuk lindet,
edhe dielli pret lindjen tënde, edhe shiu të rigojë.
Eshtë një bërrakë kjo botë, është një bërrakë planeti -
plot hurdha ujërash që a'ecin, përplot humbella*
plot pusi ujqish, përplot fjalë pelini -
është një fushë beteje, një apokalipsë...

---

* Fundosje e tokës, shembëtirë

THE BALLAD OF MARSH-REED

>   to Pablo Neruda

1.

In every arc of time a word lies sleeping
and wakes, like high tide, in saddening times.
Through the salt-works of the world, the capes of hopes,
over the toppled towers, across all paths
there's not a man-flower, nor is a flower-man born,
and the sun's awaiting your birth, and the rains swirl.
This world's a shack, the planet is too,
full of stagnant ponds, overflowing landslides,
with wolves watching, full of absinthe speech;
it's a battlefield, an apocalypse…

2.

Dhe pret një kposht t'i rritet bari prej fjalës sate,
dhe pret një ujëvarë të degëzohet prej qielli në tokë.
Për gjeneralët e zi gjithmonë ka pasur bukë kjo botë
dhe s'ka bukë për poetët si ti, pos varre.
Eshtë dashuri kjo botë, rritet prej fjalësh tuaja.
Si të paska zbritur në ballë tërë numri i yjeve,
mund të ngjagë të zgjohet orkida* e butë e fjalës sate,
ti do ta këndellësh** botën me fjalën prej buke.

---

* Një lloj luleje
** Jep fuqi dhe gjallëri

2.

And he expects your word will fertilize a lawn to grow grass
and he expects a waterfall will stream volubly from the sky to
 the earth.
But this world's always had lots of bread stock for the
merciless generals,
but no crumbs for poets like you, except tombs.
It's love, this world; it feeds on words like yours.
How on earth did the chain of stars descend to your
 forehead?
How could the soft orchid of your word possibly waken?
You reinvigorate this world with your bread-based word.

3.

Liri ish poezia jote, dashuri emri yt.
Mesdita më e ndritshme dhe pala më e bukur e tokës
kur zgjohet e gjithë fauna e flora, uji e algjet
e t'i këndojnë këngët tuaja e të thurrin ditirambe.
Cili ishte i plaguar: kaprolli apo ti në vetull?
Mes vitesh dhe kujtimeve, mes duartrokitjeve në Madrid,
mes fjalësh të ngrohta të Lorkës, mes miqve tuaj në botë
ti ishte si shevari më i njomë, ti ishe ylli polar.
Secili dashnor në fjalën tënde ka imagjinuar nimfën,
secili ushtar në fjalën tënde ka pritur fundin e luftës.

3.

Freedom was your poetry; love, your name.
You, brightest midday and most awesome seam on the soil,
with wildlife, flora, water, and algae all wakening
to sing your songs and laud you.
What was that wound, a bleeding buck or a cut in your
                                                            eyebrow?
In all those years and memories, amid the applause in Madrid,
among Lorca's warm words, among a myriad of friends
you were the most delicate marsh-reed, the polar star.
In your words each lover imagined his nymph;
each soldier saw the end of war in your language.

4.

Secili pirg i lartë në fjalën tënde ka pritur t'i ecë ora,
secila shkretëtirë e botës në fjalën tënde ka ondier shije uji,
secili dru në mal ka pritur të gjelbërohet nga vera jote,
po ti si sofër solemne në gazmendin e botës u shtrove
për varfanjakun e uritur diku buzë Andeve Jessica,
për indianin e regjur në kamxhik gjahtarësh të skalpit,
për nënën e mjerë që përpin pezmin kur s'ka gei për fëmijën -
ti ishe i vetmi Promete i gjallë dhe të rrëmbyen
kolosët që i ke miq të fjalës që janë mes nesh, po s'frymojnë.

4.

With your words, time rose even unto the high peaks,
every desert of the world quenched its thirst with them,
every tree in the mountain awaited your summer to green;
but you, like a solemn table amid the world's great joys, was
                                                            spread
for the hungry poor somewhere in the vital Andes,
for the Indian who endured the whips of scalp hunters,
for the poor mother who swallows her exasperation when she
can't breast-feed her cub—
you were a living Prometheus, abducted by
your own giant friends of poetry, who are always with us, but
                                                           breathless.

5.

Dhe vion përsëri uji e ngrin në Alaskë.
Prej detit tënd dalin sërish polipe e algje të blerta,
mes rrugëve të planetit ndonjë shtegtar poet si ti,
ndonjë hije tjetër, ndonjë fjalë ngushëllimi...
Në sallet e ngrohta do të recitojnë nën strehë zogtë
sepse në secilin hark të kohës fle nga një fjalë
dhe zgjohet nga një fjalë nder note trishtuese si zgjohet batica...
A ikën lejlekët e verës sate vërtet apo e gjithë kjo frymon
mes gishtërinjve tanë, mes mrumeve të dheut, mes nesh
i gjallë përsëri si fjala, i madhëruar përsëri si Vera...

5.

And once again water boils then freezes in Alaska.
Polyps and green algae emerge from your sea again,
along the paths of our planet there's a journeying poet like you, some other vision, some consoling word ...
Birds will recite, their shelter under the roofs of warm halls,
because a word slumbers in every arc of time,
and another word from sad eons wakes it up, like the rush of high-tide.
Are the storks of your summer really gone? Or does this air hover among our fingers, entering earth's masts, still among us, alive again, like the word, giant like Action…

6.

Secili njeri që dashurohet sonte bie të prehet me
emrin tënd, secili njeri që ëndërron sonte ka rrugë të largëta,
secili njeri që zgjohet sonte në gojë ka emrin tënd,
po ti qëndron mes lulesh. As tokën e premtuar s'ta dhanë, -
re diku. Ka edhe qiell, edhe yje, edhe xhevahire. Edhe ti je në
fjalët e Lorkes, në turmën e shqetësuar kokë pirgu.
Secila rrufe mbi ty bie, çdo kurorë dafine për ty thuret.
As një ditë më e gjatë se vargu yt për liri...

6.

Tonight, everyone who loves lies quietly with your name in
mind, every man who dreams tonight has miles to go,
your name dwells in the mouth of everyone who wakes
tonight … But you stand among flowers. The promised land,
they never gave you, a cloud somewhere. But there are also
heavens, stars, and gems. And you're in Lorca's words, too, in
the agitated crowd with a poignant head.
Every lightning-bolt strikes you, every laurel wreath's made
for you. Your poetry about freedom is longer than any day …

7.

Se ja si të ka zbritur në ballë gjithë nuri i yjeve.
Mund të ngjajë të zgjohet përsëri orkida e fjalës sate
për t'i marrë gjithë lulet, për t'i tretur gjithë brengat,
t'i rrëzojë gjithë kështjellat dhe zogjtë e plumbit në qiell,
t'i rrëzojë të gjithë tymtarët e armëpunishteve
e t'i ndalë lumenjtë në strofuj hidrocentralesh të larta
se fjala jote Ben çudira: lules i jep ngjyrë,
ngjyrave u jep shkëlqim, amshimit kuptim lirie.
Po ti ja si rri mes kujtimesh, tingull med fletëve plot lyrë,
ja si rri i gjallë në duart e secilit si përmendore...

7.

And the grace of stars descends and shields your forehead.
Is it possible the orchid of your word might wake again
and eclipse all other flowers, thin all grief,
make all castles tumble, shoot the leaden birds in the sky,
topple all the chimneys of gun manufacturers
and redirect the rivers towards hydropower plants?
Because your word makes marvels: it tinges the flowers,
makes colors glitter; it gives eternity the sense of freedom.
But you're stocked in memories; you're a sound amid greasy
                                          paper-sheets,
here you stand, living in the love of each of us,
                                          monumentally…

SHTËPIA RRËZË MALIT

Hapat e mi sot nuk shtegeojnë, nuk shtegtojnê,
fjalët e mia nuk fluturojnë si zogj pikëllimi.
Sonte, nuk di
krijuan vdekjen apo këtë ngrysje fjalët,
po ditën nuk e ndezën në këtë dhomë.
Ajo erdhi vetë, me agsholin* tëmbëlor,
dhe piku me vesë prej strehëve të shtëpisë.
Dhe u zgjova.
Po tash shkëlqen,
po tash mbi ballë pushon dit' e re.
Frymojnë me frymë lavërtaret**
me krahët e përfytyrimit fluturojnë...

---

* fillimi i agimit, agut
** bujku që lëron arën me qe

THE MOUNTAIN RANGE HOUSE

My steps today don't move, don't wander,
my words don't fly like swirling birds.
Tonight, I don't know
whether words invented death or this frown,
but they didn't light up the day in this room.
The day appeared with the sweet dawn,
and there was dew on the house shelters.
And I woke up.
But now it shines,
now a new day's overhead.
The farmers breathe while plowing with their oxen,
on imagination's wings they fly …

TASH PO NISEMI

Tash po nisemi, në mundshim të heshtim pak
e të flemë. Po jemi lodhur. Këmbët të enjtura
nën tryezë. Koka që rëndon. Aspirin?
Tash po nisemi. U bë vonë. Edhe ylli i fundit
ra përmbi tryezë...

Qe nesër na pret takim i ri, bisedat mbi shëndetin
dashurinë, poezinë.
E mbaruam bisedën mbi sëmundjen e poetit
shëndetlig,
- të ngrihemi, u bë vonë në këtë tavernë
vetëm tym duhani e fjalë dë shkëlqejnë.
Në mesin tonë ka të sëmurë që lëngojnë
prej fjalësh të pathëna
dhe prej mëlçisë së zezë.

Shtrati i madh nën një çati diku do të ftohet
në pritjen e vet,
rrugicat e përgjumura ritimin* e mugën** dritareve
të fikura e derdhin kot
si një pikë në det.
Jemi si yje
në qiell.
Tash po nisemi, në mundshim të heshtim pak.
Dashuria s'është ilaç as helm.
Me kokën time e krijoj,
me duart e mia
dhe eci nëpër planet.

LEAVING

We'll be leaving soon but first we must be silent
and doze off a while. We're tired. Swollen feet
under the table. Heads heavy. An aspirin then?
We're leaving; it's late. And a final star's
fallen on the table…

Other issues wait for us from tomorrow on:
new acquaintances, talks about health, love and poetry.
We already discussed the illness of the frail poet.
---So let's go on! It's late in this inn
stuffed with tobacco smoke and dazzling words.
There are sick people among us who languish
from unsaid words
and from bad livers.

After a long waiting there'll be an ice-cold
big bed under the roof;
the sleepy alleys vainly delve into the fog and the dusk
from the switched-off windows
like a drop into the sea.
We're like stars
in the sky.
We'll leave now but must first be silent a while.
Love's neither a pill nor a poison.
I conjure it up in my head,
I fashion it with my hands;
then I march around the planet.

Natën e mirë!
Mua më duhet të shkoj atje prej nga mund t'ju gjej.

---

*mjegullën
** muzgun

Good night!
I have to reach the place where I can find you.

RRUGA QË SHPIE NË LIVADH

Stërpikur me vesën tëmbëlore të stinës,
të frymuar si dashnorë, jemi nisur
andej kah bregu i rrëpirët. Po s'jemi ndeshur.
T'i e dije ç'ujë ecën dhe cili rri amull
në bërrakë. Gjelbërimi yt damar kishte diellin
që e zverdhte me shekuj ngapak, e gjelbëronte
si qertësinë e ëndrrës së fëmijës.
Ndërsa unë barisja
fjalët e mia s'reshtnin së shtegtuari.
I dëgjuan vest e zemrat dhe zogjtë
e ende shtegtojnë.

Vetëm jam nisur drejt teje, kurrë-kurrë
s'u ktheva. Veçse me rreze më kanë zgjuar
në shtratin e brengës sime të lehtë
dhe rishtazi jam nisur.

Task as i molisur dhe as i zhgënjyer,
por ende s'të gjeta në fundin e vërtetë.
Ti fshihesh në poret e lëkurës sime
i nxehtë, valë i nxehtë.
Dhe... në ty jam ndalur
e ti ke ecur-ecur,
drejt gjakut time ndër damarë më ke qarkulluar
plot jetë, plot dritë, plot kthjellësi.
Jam nisur nadjeve të jetës sime e atje ka pritur
fëmijëria ime, në fundin tënd të qartë.

THE ROAD TO THE MEADOW

Sprinkled by the sweet dew of the season,
breathing as lovers do, we've started out
towards the steep shore. But we haven't met yet.
You know which water runs and which stagnates
in the shack. The sun ray runs like a vein through
your greenery that centuries have yellowed a bit, yet
you greened like in a child's clear dream.
As I wander around
my words migrate unceasingly.
While ears and hearts heard them
they're still migrating.

Alone I walked towards you, but I
never ever returned. Rays from a strange machine hit me,
woke me up; I rose from the bed of my light grief…
and here I'm on my way again.

I'm neither feeble nor disappointed now
yet I didn't really find you in the end.
You hide under my pores,
a warm meadow, very warm.
And…I've halted at your boundary.
But you kept fleeing,
racing towards my blood, and running through my veins;
you've roamed there
charged with life, light and clarity.
I always started out in the mornings of my life, and there
my childhood kept waiting, at your very end.

MURET, DRITARET, U JI...

1.

Mali ynë i behartë thotë: do të gjelbërohem!
Drerit mali s'i bëhet më kurth.
Gjakun që vion në fjalë,
që prek borën,
që djeg gjethin
mos e harro. Është amaneti yt, baba!
Në gjirin e tij të thellë tash kush na çon?
Po erdhe një natë me ngricë, pemën tonë
a mund ta mbulosh?

A mund ta harrosh shtegun që të solli deri këtu,
të më gjesh të dashuruar në largësitë?
Se unë do të kthehem
në vjeshtën e ngrysur. Pranverën do ta pres këtu
me duar, me gaz, shpirtkandil.
E vjeshta le ta ngjyejë vreshtën
me të verdha. Lëng i ëmbël në gotë le të rrjedhë.

WALLS, WINDOWS, WATER...

1.

I'll become green, says our summer-clad mountain.
That mountain won't be ambushing a deer.
Don't forget the blood
that gushes in a word,
that touches the snow,
that parches the leaf! This is your last wish, dad!
Who can lead us now into that blood's deep bosom?
Could you just cover and protect our tree
if you came by on a frosty night?

Can you really forget the path that led you here,
to find me in love though in distant regions?
For I'll return some day
in a frowning autumn. I'll wait here for the Spring
with my open arms, joyful, my soul glittering.
And autumn will tinge the vine leaves
yellow. Let sweet liquor fill our glasses then!

2.

Task mbulohet me hijen time,
bukuria e tij emër burri ka. E gjethi? Pushon
në bregun tim të harruar, të lënë
mes dy krahëve me plepa - nën gurët
e plasaritur. Zogu e pyet e i thotë:
a mund ta harrosh si gjarpri lëkurën
fjalën tënde prej zjarri - e mali shushurin
dhe fle. Shigjet' e mërisë në zemër s'e ther kurrë
dhe mbetet i blertë, i ëndërruar
diku në botën e largët të shqetësimeve e të këngëve.

Po me mure kurrë jo i rrethuar,
as me barque me rrathë, as me rruaza, hajmali
i ngujuar. Me bukurinë e tij krijon lirinë
dhe fluturimit të pulëbardhës i jep kuptim
kthimesh nga largësitë.

2.

Now my shadow coats it;
its beauty's name is masculine. And the foliage? It rests
on my forgotten shore between two
rows of aspens, under cracked
stones. And the bird approaches asking:
Is it possible you can abandon your dazzling words
just like a serpent sheds its old skin?---and the mountain
rustles and slumbers. Grudge never clings to
its heart; so it remains ever green, in some dreaming
somewhere in the far-off world of worries and songs.

But no walls ever cloistered that mountain;
there are no curved arches there---neither rosaries nor amulets
imprison it. Its beauty creates liberty;
it gives meaning to the return
of the gull's flight from far distances.

LAPIDARI

Askund nuk e gjetën nëpër botë, askund.
Nuk e ndeshën me yllin në ballë a me shenjë.
Nëshkronjat e tij prej guri dikur moti zbuluan -
e qe ku janë tash - tërfurk*, shat e hënëz të qetë
se vdiq, thonë, pa plagë.
Përmbi kokë i rrudehet guri i bardhë e mbi të lart
yll i zjarrtë polar.

Në mesditë aty kullot kali i bardhë.

Hije i bën, ka disa vjet, një pjeshkë që motin tjetër
do të bjerë e tharë. Atje kur të shkosh bën vapë.
Gjyshja e ruan në një përrallë
e natën tek ecën mbi dysheme ngadalë-ngadalë
që të mos na zgjojë
ne fëmijët e fjetur që ëndërrojme të mitur,
e fik kandilin në mur e na e ndez yllin në ballë.

Atij që dehej me erë baruti tash i çel në asht
luleshqerra.

E Bukura e Dheut u zgjua jerm dhe e krijoi me
duar.

Ta kujton zjarrin e fikur.
E krahason me trimin më të madh dhe kujton
mos është Gjeto Basho Muja.

THE OBELISK

There wasn't anything like it in the wide world, none!
They never found another one with the star on the brow.
And based on the stone-carved scriptures and the designs
on it---the pitchfork, the hoe and quiet half-moon---they
found out he died (they say) without any wounds.
The white stone wrinkles over his head, and the flaming
pole star's here above.

The white horse grazes around there at noon.

For years now a peach-tree casts its shadow over it,
but it will fall down dry next year. You'll see: it's very hot
there. Grandma preserves it in a tale
as she walks on tiptoe at night
not to wake us up,
sleepy children with innocent dreams;
she puts out the oil-lamp and lights the stars on our foreheads.

Daisies sprout from the body of the man who once
besotted himself with the smell of gunpowder.

The Fairy woke up in ecstasy and molded him with her
                                                          own hands.
Now he reminds you of an extinguished fire.
You compare him with the best of the brave ones.

S'ka oxhak t'ia rrëzojnë rrufetë dhe jeton amshuar.
Po të mos kish qenë ai s'paskëshon gjuhë përrallat.

Tash e gjakojnë me këngët e tyre poetët.
Gjaku i tij është dashuria, lumin ka damar.

---

*Sfurk

Thunders vainly hit his chimney; he lives in eternity.
Had he never existed, tales would lack a tongue.

Now he bleeds in poets' songs.
Love's his blood, his veins run like rivers.

NET NË DUBOVIK

1.

I dëgjoj do këmbana. Asnjë pirg përbri -
vetëm bar e hithër. Anë lugjesh livadhe
e një qyqe vjeshte tash më kot gjëmon.
I dëgjoj do zëra frymësh që s'janë më,
një hije dhe një kërrutë që përvidhet
tatëpjetë shtegut për në log, o vëlla.
Po vij kaq i etur të të them pa fjalë
se zjarri që kall heshtja jote djeg valë
dhe duket natë me yje, ditë me tëmbël të bardhë.
Thyej bukë, i qes ujë të ftohtë me bucelë
argatit që në shtëpi të vet vjen i huaj.

NIGHTS IN DUBOVIK

1.

I hear some bells toll. There's not a knoll around here,
only grass and nettle cover the site. And meadows all around,
and a cuckoo vainly cawing.
O brother, I hear voices of people now departed;
a shade and a hunchback steal their way
up the ridge towards the vale.
I look forward to wordlessly telling you
how fervent the fire that your silence ignites glows;
and the night seems star-spangled, or a milky-white daylight.
I share a loaf of bread with the apprentice (who feels exiled
in his own home); I offer him cold water from the jug.

2.

E prek fijen e barit e ndihet e lënduar,
plaga s'i çel e më kot e ndjell përfytyrimin.
I huaj bëhet hapi im i egër në livadhin e butë,
ndërsa dy brigjeve të heshtjes rritet me nxitim
trungu. Unë iki shtigjeve të fëmijërisë
ja këtu - ja atje, e pastaj borë e sqotë.
Kjo është rrjedhë e ngadalshme e verës
se dimër bën tash përmbi ballin tim.
Po erdhe edhe një herë, më thotë mani plak aty,
thuaje më mirë me fjalë, thuaje jetën tënde
se tash në mesin tonë vetëm si hije kalëron.

2.

I touch the leaf of grass, it seems hurt.
It has no wound though, and the imagination it fires up is
$$\text{of no use.}$$
A stranger is my angry step on that soft meadow,
while the trunk grows haply between two shores
of silences. I roam the pathways of my childhood,
here…and there; snow and storm environ me.
Only summer streams out so sluggishly,
because winter's installed in my brow.
"If you ever return again," says the old mulberry tree,
"you'd better utter words this time, and tell of your life
because now you seem ghostly riding among us".

3.

Tash jemi bashkë të buzëqeshur e të dëlirë
si dita e re, si biseda Jon për pemët,
si të isha larg jush. E mendoni se jam me ju
aq i lumtur e i hutuar pas fluturave në lule.
A s'qenka ky një mashtrim i çiltër si purpur,
sikur kërcehet lumi i turbull ditës me shi?
Pas hapit tim tash vjen vala e kthjellët,
drita që do të ndizet buzë mbrëmjes në odë,
se ia nbaj mend sytë, fytyrën, o e di,
në zhubrat e mendimit tim e krijoj të gjallë
ja këtu mes nesh. Prandaj dhe kaq shpesh vij
këtu. Erën e grurit kur bluhet e bëhet bukë e nxehtë
e sjell, e sjell këtu edhe emrin e mbiemrin e tij, dashurinë
që kishte për ne e tokën, për nënën e xhaxhanë.
Tash ai ecën andej kah unë gjithmonë vetëm rri.

3.

Now we're lucid and smile together,
like a newborn day, like our talk about trees,
as though we lived apart. You think I'm so
happy among you, butterflies on each flower distract me!
But this is mostly a sincere deception as with purple,
the same as crossing the troubled river on rainy days.
Then the crystal-clear wave follows my step,
like the light we switch on in the chamber as evening falls.
Because I remember her eyes, o yes,
I frame that room, lively in the ruffles of my thought…
That's why I come back here so often. I bring along
the smell of wheat mills and the bakery;
I carry as well the name of the one that loved
us and the land and his mother and his uncle…
And now loiters around the places where I'm always alone.

4.

Po deshët ju, barinj, bota ka më shumë shkëlqim
sesa klorofil blerimi i gunës suaj të zhgërryer.
Merrni nga fjala ime veç atë që s'është ndarje,
s'po ju përshëndes për të fundit herë në këtë fushë...
Nadir mend s'e pata të bëhem poet i çmendur -
arts, qartësi do t'i kem fjalë të para,
në ngushticë do të jem me ju, për ju në festë
do të këndoj. Këto këngët e mia janë zë i butë
i fushës, i bagëtisë, i dëllinjave të livadhit tonë...

4.

I say, o shepherds: the world possesses more light
than the green plants of your soiled wool capes have
                                              chlorophyll.
You must retain from me only the word that helps avoid
                                                  parting;
I'm not saying any fare-thee-well in this field!
I never aimed to be an irrational poet----
wisdom and clarity are my first words;
and I'll join you of course in a feast;
for you I'll have a tune. My songs are the soft voice
of the pasture, of livestock, of the junipers of our valley...

KROI

Të kanë parë ëndërr njerëzit e planetit tjetër,
ty që bën dashuri të fshehtë me natën e përlotur,
si njeriu i frikuar. Gjëmon. Si njeriu.
Ia ke ftohur shalqirin plakut një ditë vere,
ia ke parë gjinjtë Trënelinës.
S'kanë ardhur te ti të pinë, por që t'i shohin
vashat.
Nuk je ngrirë në dimër.
S'ke shteruar verës.
Fije e hidhur e kujtimit të fëmijërisë.

Në ty kam larë duar e faqe.

Të kanë parë ëndërr njerëzit e planetit tjetër,
je një hero vere kur shterojnë puset.
Të duan zogj e të demur.
Kurrë s'ke fluturuar në vendet e Jugut.
Buzë teje është gjunjëzuar trimi, plant i ka larë.

Then: të ndeshemi te kroi.
Ditëve të hershme të Marisa na i lag këpucë e
çorapë.
Vjeshtës nuk të zverdhin gjithë gjethet e rëna.
Je vetullngrysur.
Hyjnitë të kanë gjetur në një guacë oqeani
e të kanë sjellë këtu në zemër të fshatit,
arterin ta kanë lidhur me bjeshkën
e s'i ke frikë tërmetit.

THE WATER-SPRING

People of another planet dreamed of you,
you who make love stealthily with the weeping night,
like a frightened man. You boast, like men do.
A guy cooled his melon in you one hot summer day,
in front of Fenujgreek's breasts.
Boys don't come near you to drink,
but to see the girls.
You didn't ice up in winter,
nor dry up in summer.
Ah, bitter sting of childhood memories!

I've washed my hands and my face in you.

People of another planet dreamed of you!
You're a summer hero when wells run dry.
You're the love of drunken birds.
You never escaped to the Southern lands.
Even the brave one knelt in front of you
and washed his wounds.

They say: "We'll meet at that spring".
You wet our shoes and socks in early March.
Autumn's dead leaves never yellow your waters.
Divinities have found you in an ocean shell
and brought you here, to the heart of the countryside.
Your artery's directly linked with the mountain peaks
but you never fear the earthquakes.

Ti më së shumti ke dëgjuar përralla për etjen.
Ua di të vërtetën shekujve, po s'le gjuhë ta thuash.
S'mund të helmojnë.
Natën pinë ujë në ty drenushat.
Askënd nuk e pret
as ushtarin - hasretin e nënës.
Anës sate prehet në flladin e verës
bilbili i Mjedës.

Gjatë tërë verës të zbukurojnë lulet.
Të vijnë njerëz e bletë.
Të ndihet gurgullima edhe kur fashiten tokë e qiell,
kur s'nidehet frymëmarrja e kafshëve.
Kur digjet ndonjë Kuala e lartë
të pinë trarët e shkrumbuar.

Ka mbetur në ballin tënd të gdhendur
dor' e mjeshtrit desariot
e myshku ka folur me gjuhë të lagështisë
së përmortshme. Asnjëherë s'ke lënguar në reumë,
asnjëherë s'je dehur.
Pa ty, në bjeshkë për ujë do të na shkonin vashat
e do të hutoheshin pas mëzatit të verës,
të djegura në krahë ato do të ktheheshin
si fluturat në vapë
e do të dënesnin me ngashërim.

Whoever's heard more tales of thirst than you?
You know the truth of the centuries,
but you've no tongue to reveal it.
No one can poison you.
Hinds drink there at night.
You wait for nobody,
not even for soldier boy, his mother's prophet!
And Mjeda's nightingale rests

nearby you under the summer breeze,
when corollas bud before you.
Men buzz around you like bees.
Your gurgling goes on even when earth and sky clam up
or when animals' breaths can hardly be heard.
Scorched beams drink from you
when a country house burns down.

One can see the sign of the Desariot master
carved on your brow,
and moss speaks the language of mortal
damp. You never caught rheumatism,
nor got tipsy drunk, never. If you didn't exist,
our girls would be obliged to go fetch water
in the highland, their minds astray
due to the summer bull-calves
and, with their sunburned arms, they'd return home
like butterflies during the dog-days
and would cry them a river.

> *Note: Ndre Mjeda is a well-known Albanian poet of the 19th century, mostly known for his fine pastoral rhymes about the Northern Albanian countryside.*

SI ZGOR

Po vjen pak si ftohtë e drita e kandilit
dridhet si në ethe për kundruall murit -
tym as flakë s'nxjerr. Heshtje. Akrepat e orës
thonë se është vonë e ne s'fluturojmë ende,
as qielli nuk çilet as firomë të rëndë lagshte
s'ka këtu. Mund të thuash tash nga skuta jote e errët
tak zhgrehesh në psherëtimë:
---Po na vjen si ftohtë nat' e dimrit tonë
e frutat po zverdhen atje lart n'tavane.---
Dritë e verdhë kandili...
E unë po pres, heshtjen tënde si kob po e pres.
Unë po vdes, po vdes në pamundësinë time, vëlla.

Thuaje me tundim qortimin, me frymë bëje përqafimin
se rrufe të forta po më po më presin atje grykë shtegu.
Do të iki me krahun tënd të bukës e me magjen* e arës,...
do të murohem në poret e etura të lodhjes sate,
mbi buzëgazin tënd fidane do të mbledh, fidane trëndafili,
po heshtjen, vëlla, si zgor, do ta mbaj në bebëza.
Atje grykë shtegu, i vetmuar, si lisi majë mali,
thuaje me tundim dashurinë e pashprehur me fjalë...

---

* kufi

LIKE A HOLE

It's getting a bit cold and the light of the candle
shivers and quivers projected on the opposite wall ---
there's neither smoke nor flicker. Silence. The clock hands
show that it's late, and yet we're not flying---
And the skies don't open; one doesn't even feel the odor
of the moss. From your dark corner, with a deep sigh
you can declare:- Sort of cold this winter night !
and the fruits stored up in the gable are getting stale ---
That yellowish candlelight! ...
I'm waiting for your silence, like waiting for something
                                                              sinister.
I'm dying, brother, I lay on my impossibility.

Allure me with your reproach; hug me with
your breath
because lightning bolts wait for me at the path towards the
                                                                        gorge.
I'll leave, with a loaf of bread you'll provide me,
for the field's limit...
I'll be immured into the thirsty pores of your fatigue,
in your smile, and I'll gather
rose cuttings ;
but the silence, brother, will remain like a hole in my eyeballs.
At the path of the gorge, lonely like the oak on the
                                                                mountain top ...
entice the words to express the unuttered love!

VJESHTË 1969

Besoj se kësaj stine poeti q'e dua
do të botojë libër të ri,
vera ka marrë pa shira,
kurse unë isha në vende të largëta
e s'shijova shalqi.

Këtë të diel do të vete në fshat te nëna.

Besoj se kësaj vjeshte
vajza q'e dua do të më shtiret
harfë e dëgjuar, në rrugë a në dhomë,
aq e ngrohtë sa dua të jetë dimri;
pluhurin e kapur mbi Kati do ta shpëlajë
currili i parë i ditës vetullngrysur.

Të ikësh gjëkundi pa shpresë
se të pret sofra e shtruar...
Jam i pafuqishëm si bima e vonë
që di se vështirë do t'i piqet fruti -
të mos ishim ne, ç'dobi do të më bënte...
Tash po iki në skutën e mendimit time,
të mos më zërë ky shi në rrugë.

Besoj se kësaj stine poeti q'e dua
do të botojë libër të ri.

AUTUMN 1969

I think my favorite poet will publish
a new book this season;
we didn't have rains this summer;
meanwhile I was faraway,
I didn't taste any watermelons ...

This Sunday I'll go see my mother in our village.

This autumn I believe
the girl I love will pretend to be
the best merchant gal, the talk of the town;
she'll be warm like my favorite winter.
The first rain trickle of the frowning day
will wash away the dust stacked on the roof tiles.

It's sad to go somewhere when you know
you'll not find the table set!
I'm powerless like a slow-blooming plant
that knows it's unlikely its fruits will ripen—

Right now I'll crouch at the corner of my mind,
to keep me off the rain.

I believe my favorite poet will publish
a new book this season.

AH, KËNDEJPARI

Era e mirë e misrit
mbi stufën
që era tymin ia bart
në trotuar.
Zbrita nga autobusi
në stacionin e qytetit të panjohur,
po kredhem thellë
nën gjunjët e mi,
dheu i varrit në fytyrë më zë.

Kush do të më sjellë
bukë e kripë për drekë.

E kam marrë me vete
fotografinë e fëmijëve të mi.

Era e mirë e dhomës së ngrohtë
ku dora e vyeshme
mitare
e hijes ëndërrimtare
përkujton
ato që mori era e kujtimit
mbi trotuar.

Ora e qytetit
mbi pirgun nammadh
rreh tridhjetë e katër here...

AH, THE PEOPLE HERE

A nice smell of corn
on the stove,
that smell that carries the smoke
on the sidewalk.
I got down from the bus
at the depot of an unknown city
but bend and bent
under my knees,
the grave soil hits my face.

Who'll bring me
bread and salt for lunch?

But my children's picture
I've kept with me.

It was what the wind
of memory recalls
swept along the sidewalk
that nice smell of the warm room
with the worthy
childish hand
of shadowy visions.

The town clock
on the well-known tower
struck 4:30…

PAS FLUTURIMIT...

Më ka mbetur vetëm edhe një shishe gjak në dej
veç sa ta kryej këngën,
gjak sa një kupë me verë
që di të gufojë,
të ma japë të shtyrën edhe për një flututim,
të ma ndezë mendjen
dhe imagjinatën
një mijë vjet larg...

Kjo do të thotë mëngosh fuqishëm
natën e qetë të vjeshtës
kur dua pema të piqet
me hovin e mendimit.

AFTER THE FLIGHT …

I've only got a bottle of blood left in my veins
to carry the song with,
a wine-cup of blood
that knows how to gush
and me to leap into another flight
a thousand years away,
and kindle my mind
and imagination.

It means to wake up hopefully
with impetuous thought
on a quiet autumn night
wishing the tree will ripen.

AGU I SHKELUR

Ajo doli me duvak, shtathedhur, selvi,
nuse e tokës, e paprekur nga dora e huaj.
U muros nën peshën e gurëve të harkurës
q'e lidh botën me dy damarët e saj nektar.
Ajo doli skelet, e brishtë,
mizat e trollit ia hëngrën sytë filxhan,
sisa tambël nuk i pikon...
Eshtë e tepërt të thuhet,
por e thotë libri,
ura u rrëzua -
agu e gjeti të tradhtuar,
të shkrryer e përposh.

FIRST STEPS AT DAWN

She came out with a bridal veil, well-built, a cypress,
a country girl untouched by foreign hands.
She was immured into the stones of the archway,
plugging into the world her two nectar-veins.
She appeared: a delicate skeleton,
termites gnawed her wide great eyes,
no milk leaks from her breast ...
It's too much to say,
but the book says so,
the bridge was broken:
at dawn it was betrayed,
wallowing down below.

LECI I ARTË

Leci i artë i bie tupanit
muzgjeve të ramazanit
me zdralin e vjeshtave,
rrudh qafën langua
me arin e paparë
q'e ëndërronin vejushat e fshatit
dhe Laz - Bakalli i Pejës.

S'di pse thanë: në kasollen e tij,
ku s'kish pos terr e hasra,
në njê shpellë gjarpinjsh,
diku thellë,
ai paskësh ruajtur arin e gjithë botës.

Po ai që e vrau nuk u pasurua -
e gjetën me tri të prera në qafë
siç prehet derri i egër në dimër.

Tash s'ushton më tupani.
Fshati e hesht me mote
historinë e krimit
të mësuar në përralla.

Janë kalbur edhe trarët
në kasollen përdhese
të Lecit të artë.

THE GOLDEN BOY

The golden Lec plays the drum
on Ramadan twilight
with the filth of autumn,
his hound neck wrinkles
where the gold jingles,
the gold the widows of Laz and Peja
dreamed about.

I don't know why they said:
"There's nothing else in his shack
but darkness and bulrush?
While in a snake-deep
cavern he'd stashed all that gold."

But his killer never got rich all the same;
they found him with three cuts in his neck
like a boar slain in winter.

Now the drum resounds even more.
For years now the village is hushed
about the crime story
though they know
many legends.

The beams are rotted now
in the modest shack
of Lec the gold boy.

BALI KATRAVELLA

Iu ça balli
nga uji i ftohtë i burimit,
u mëshoi dajrevetek priste t'i piqej mani,
t'i vakej uji në përroskë.

Të dilte në arë?
- Nuk kishte
as llugë*.

Do të hynte drejt e në këngën popullore,
po ç'e do, as gazeta s'e kapi dot kurrë
emrin e tij.

Dhe u nis këmbë për rrugë,
te Ura e Zallit
e kaparisi pajtonin.

Gratë e paskëshin future fshehurazi
në nje dasmë të huaj,
siç bënjnë me të prore
kur e gjakojnë makinën e avullit.

I vetmi njeri në fshat
që nuk çcon dashuri tinëz botës.

Iu ça balli
nga uji i ftohtë i burimit.

BALI KATRAVELLA

A crease opened on his front
from the cold water of a source;
he played tambourines
while waiting for mulberries to ripen

and for water stream to become tepid.
Should he hit the fields?
But there was no land by the river-lip.

He wanted to go right to popular songs,
but no chance: his name was never printed
in the newspapers.

And he started walking the streets.
At the Zall Bridge
he monopolized the horse carriage.

Women had secretly invited him
at a stranger's wedding
as they always do
when they make a steam engine bleed.

He's the only man in the village
who's never sly in love.

A crease opened on his front
from the cold water of a source.

A ju ka ndodhur, në fotografi,
në fotografi ta shihni,
ta shihni njeriun e viteve '20
në fshatin e parmendave,
të misrit të kuq,
ta shihni
rrëzë gardhi me dajre,
njeriun me tesha të bardha,
me këpucë të rripta,
me flokë të gjatë
e të mëlmuar
me vaj ulliri?

Është Bali Katravella
me teshat e ngushta
që i kanë hyrë në ujë
nga të larit e shpeshtë.
Kokën e tij prej tuli
asnjëherë s'e gërvishti
plissé i bardhë deveje
as gishtërinjtë s'ia lagu
uji i ftohtë në llugë
dimrit.

Ku i gjen, ore,
hej, ku po i gjen

dasmat e botës
e ahengjet
në këtë ankth urie.

Have you ever noticed,
looking at a picture, a picture of the 1920s
the man in a village of plows,
and red corn?
Have you seen him
at the foot of the fence
playing a tambourine,
the man with white clothes,
with plaited shoes,
with long hair
greased with
olive oil?

It's Bali Katravella
in a snug outfit,
clothes shrunk
from too much laundry.
The clod, white
like camel-wool
never scratched his bone-head;
nor did the cold wintry water
of the river-lip wet
his fingers.

For heavens sake, where do
you find and how do you

invite yourself to strangers'
weddings, banquets while others
are living the nightmare of famine?

Bali Katravella
i pari
e ka parë aeroplanin,
e ka lidhur i pari kravatën
the i pari ka hipur
në qerren me qe.

Bali Katravella
gjuetar
e ka ndjekur
kafshën më të butë të fshatit
i ndërsyer nga briri
dhe hukama e huaj.

Ai di çka s'dinë.
E pyesin ç'shkruan gazeta
e ai s'di ta texojë.

Në shehër e njohin
i madh e i vogël
e nuk i ngjesin bishta.

U ka dhënë bozë zherafëve
dhe është përkulur
pa vënë dorë në zemër
duke përshëndetur
njeriun e zi
në kalë të bardhë.

I çohet cepi i setrës,
i bëhet gungë.

Bali Katravella,
the first one
who saw airplanes,
the first who tied a tie,
the first who rode
the ox-cart.

Bali Katravella
the hunter,
chased the tamest animal of the village,
animals more than a gentle villager
under the spell of the horn
and of foreign shouts.

He knows what others don't.
They ask him what the papers say
but he's illiterate.

Everyone in the city,
old and young, knows him
and never gives him nicknames.

He shared maize-juice
with country physicians,
and saluted without
courtesy
the dark man who
rode the white horse.

His coat-ends roll up so badly
it looks a hump.

Dy dhëmbë m'i ka
prej serme
Bali Katravella.
Pasi të ketë ngrënë mirë
rrush e mish
e çliron rripin
dhe gogësin.
Mysafir
në fshatin e lindjes.

Vjen në pikë të ditës
me kokë të lidhur
dhe ulet në log të burrave,
s'ta pret fjalën e urtë,
mban vesh.

Nganjëherë e shqepin dru
natën
njerëz si ai të pajjohur
zgoreve të liga,
pusive frikëndjellëse,
njerëz që djersiten
si ai
nga helmi i urrejtjes.

Në praninë e tij urtakët
bëjnë kryqe me fjalë:

—Bjer kah s'i pret tehu
e fjala s'i ka takat—

He has two silver
teeth,
Bali Katravella.
He eats grapes and meat
with relish,
unfastens his belt
and yawns.
He's a visitor
in his own birthplace.

With his turbaned head
he joins, at midday, the men
at the males' reunion place;
he never interrupts the wise
but listens carefully.

Sometimes unknown guys
like himself, beat him up
at night,
in dark corners,
or creepy ambushes,
beaten by sweaty men
who like himself are
toxic with hate.

In his presence
the wise men exchange banters:

"He fights with a wooden sword
and his tongue lacks only the word!"

Kur merr thatësi e madhe
me Bali Katravellën
njerëzit flasin për flladin
dhe për vithet e Shkurtes.

E ka, thonë një shok kalë
të bardhë si bora e Strellcit
a e Trojës.

E merr dajren në dorë
dhe del as për lypë as për kreni,
një copë laps me majë të thyer
të përlyer në zhep.

Kush e pati gjak
iku nëpër botë
të mos stëroiken të tjerët.

Kur vjen Bali Katravella
i paftuar në dasmë
burrat s'mund ta përzenë,
dasmorët ikin një nga një
dhe turpshëm del mëngjesi.

E kanë ftuar këtë dhëmbëmpirë
ta varies legation
e t'ia djegin varrin
e t'ia ngulin në zemër
hurin e zi
të farës së ligë.

When great draughts hit the village
people talk about breeze
and discuss Shkurte's hips
with Bali Katravella.

"He has a friend though," they say,
"a horse, white as the snows of Strellca
or the Trojan horse."

With tambourine in hand
he hits the village, but
neither for begging nor as a proud man,
a bit of pencil with a broken tip greasy in his pocket.

Everyone of his blood-line
had split to distant countries
to avoid their lineage having a bad name.

When Bali Katravella enters
uninvited at a wedding ceremony
men can't chase him away
but the wedding guests leave, one by one,
and the morning comes with shame.

They've hired this grit-toothed guy
to kill the revenant
so they can burn his coffin
and nail the blackwood pick
into the heart of
his bad blood.

Është më i lig se fruthi.

I mbyti të gjithë fëmijet
nënet e të cilëve u larguan
të turpëruara nga prekja e tij.

Bali Katravella,
historia e Dallas sonë.

Çka s'nxjerr gryka e pusit natën
jell gryka e tij
dhe rreh pasta teli
në zyrën e Kalit të Bardhë
në Strellc.

---

*Tokë buzë lumit

He's worse than scarlet fever.

He killed all children
and their mothers are horrendously
ashamed of his touch.

Bali Katravella:
the story of our drum.

His throat vomits
what gurgles in the well at night,
and then someone rings
at the office of the White Horse
in Strellca.

DITARI

Ura e shenjtë rrokulliset
pingul përmbi re,
kështjella e lënë shkretë ende nuk dorëzohet.
Nga largësitë e bruzta otomane
e nga fjalët-re të poetit
(as urë as kështjellë)
më s'do t'i pushtojë krahët e mi
të ndezur flakë
pikëllimi.

Më një mijë e nëntëqind e tetëdhjetë,
dy vjet pas rrëmetit
që s'i rrëzoi dot gjë
fjalës sime.

DIARY

The sacred bridge tumbles
headlong over the clouds,
the deserted castle refuses to surrender.
From the turbulent Ottoman distance
and the poet's word-clouds
(that's neither a bridge nor a castle)
the grief
never will weigh on my
passionate arms.

In the year 1980,
two years after the disaster
that couldn't put my words
in shambles.

Jusuf Gërvalla (October 1, 1943 – January 18, 1982) was a Kosovo Albanian activist, writer, musician, and the founder of the Marxist-Leninist group, the National Movement for the Liberation of Kosovo. On January 17, 1982, Gërvalla along with his brother Bardhosh Gërvalla, and fellow activist Kadri Zeka, were assassinated in Stuttgart, allegedly by Yugoslav secret service. His murder caused outrage among Albanians and abroad and led to an increased intensity in Albanian nationalism and hostility to Yugoslav control of Kosovo.

Jack Hirschman is an emeritus poet laureate of San Francisco, a member of the Revolutionary Poets Brigade, and the League of Revolutionaries for a New America. He has translated Albanian poetry since 1982.

Idlir Azizaj was born in Vlora, Albania in 1970. He studied in Concordia College in Minnesota and holds a degree in philosophy from the University of Paris, where he lives. He's authored two books of poetry and seven novels. This year, his book of stories *The Shakespeare Riots* won the National Book Award in Albania.

Also Available from Jack Hirschman and Swimming with Elephants Publications, LLC

Passion, Provocation & Prophecy
by Jack Hirschman

Pier Paolo Pasolini, a major cultural figure in post WWII Italy, was a communist ousted from the Italian Communist Party for being a homosexual. He was a director and screen play writer who reformed classical roles into ones that were more reflective of humanity.

This book serves as an ode to Peir Paolo Pasolini. Beginning with an interview between Jack Hirschman and Justin Desmangles, followed by two Arcanes written by Hirschman which reflect on the man Pasolini was, this slim edition is a companion piece to honor a voice silenced before its time.

Passion, Provocation & Prophecy is a wonderful dialogue to those who have an interest, love, understanding, and appreciation for not only Pasolini's work but for the man he was.

New Releases from Swimming with Elephants Publications, LLC

from below/denied the light
Poetry by Paulie Lipman

Out of Denver, Colorado, Paulie comes "from below" and rises to join our parade of writers. A two time National Poetry Slam finalist, Paulie Lipman is a loud Jewish Queer poet, performer, and writer. His work has appeared in the anthology 'We Will Be Shelter' (Write Bloody Publishing) as well as The Emerson Review, Drunk In A Midnight Choir, Voicemail Poems, pressure gauge, and Prisma (Zeitblatt Fur Text & Sprache).

Nail Gun and a Love Letter
Poetry by Beau Williams

"This collection of poems alternately pierces the reader with astute and heartbreaking observations (Good Drums is a particularly devastating musing on white, male American-ness) while at the same time using evocative language to spar with and challenge the ideas of belonging and connection and love. These poems invite the reader to contemplate what it means to come from somewhere, and how it feels to long for a place that isn't home but could be. They invite us to see the mundane as essential, and to see and celebrate the things that connect us to our identity. The title of this collection is apt; like a nail gun, these poems violently pierce, but do so in service to building something sturdy and sheltering, and everyone is a love letter to the dance that makes us who we are."
- Sherry Frost, Educator

I Bloomed a Resistance From My Mouth
Poetry by Mercedez Holtry

"Mercedez Holtry's poetry speaks to the origin stories of her Chican@ and Mestiz@ people. It is a mixed bag of mixed blood and the celebratory songs of family, culture and the history of the la tierra that she has blossomed from. Her poems are resistance and resilience. She is a fierce page poet warrior who also casts her spells from the stage, as a true bruja does. Oppressors beware. Holtry mixes up curses, prayers and incantations with her poetic brew. This is a poet who uses her mas palabras for healing and retribution. Her collection de poesia es muy firme, a true reckoning of what is to come from a generation of woke poets who have much to say and aren't afraid to say it. "

-Jessica Helen Lopez, ABQ Poet Laureate

Wild Horses
Poetry by Courtney Butler

"Courtney A. Butler has written a book that manages to be strong and fierce while remaining innocent and full of wonder. Balancing the line between jaded adult and hopeful youth while painting the clearest picture of why the writing evokes that same sentiment- this is a fun, emotionally fulfilling collection that I will enjoy the 37th time as much as the 1st. I'll be pre-ordering her next book, as there will surely be many more."

-Wil Gibson, Author of *Quitting Smoking, Falling In and Out of Love, and Other Thoughts About Death*

Also available from
Swimming with Elephants Publications, LLC

My Blood is Beautiful
Mercedez Holtry

bliss in die/ unbinging the underglow
Bassam

22
Gigi Bella

They Are All Me
Dominique Christina

Observable Acts
Kevin Barger

Cunt.Bomb.
Jessica Helen Lopez

Verbrennen
Matthew Brown

Language of Crossing
Liza Wolff-Francis

All Swimming with Elephants Publications, LLC titles are available at Amazon and Barnes & Noble along with local book stores.

**Learn more at:
swimmingwithelephants.com**

www.ingramcontent.com/pod-product-compliance
Lightning Source LLC
Chambersburg PA
CBHW060159050426
42446CB00013B/2908